LA SOLIDARITÉ SOCIALE

ET

SES NOUVELLES FORMULES

PAR

EUGÈNE D'EICHTHAL

Lu à l'Académie des sciences morales et politiques
dans la séance du 20 décembre 1902

PARIS

ALPHONSE PICARD ET FILS, ÉDITEURS

82, RUE BONAPARTE, 82

1903

LA SOLIDARITÉ SOCIALE

ET

SES NOUVELLES FORMULES

PAR

EUGÈNE D'EICHTHAL

Lu à l'Académie des sciences morales et politiques
dans la séance du 20 décembre 1902

PARIS

ALPHONSE PICARD ET FILS, ÉDITEURS

82, RUE BONAPARTE, 82

1903

LA SOLIDARITÉ SOCIALE

ET

SES NOUVELLES FORMULES

PAR

EUGÈNE D'EICHTHAL

Lu à l'Académie des sciences morales et politiques
dans la séance du 20 décembre 1902

PARIS

ALPHONSE PICARD ET FILS, ÉDITEURS

82, RUE BONAPARTE, 82

1903

EXTRAIT DU COMPTE RENDU

De l'Académie des sciences morales et politiques

(INSTITUT DE FRANCE)

PAR MM. HENRY VERGÉ ET P. DE BOUTAREL

Sous la direction de M. le Secrétaire perpétuel de l'Académie

LA SOLIDARITÉ SOCIALE

ET SES NOUVELLES FORMULES

« Le mot de solidarité que les hommes qui ont dépassé la cinquantaine n'entendaient jamais prononcer dans leur enfance, est aujourd'hui l'un de ceux qui reviennent le plus souvent sous la plume ou sur les lèvres des moralistes et des politiques. » Ainsi s'exprime M. Alfred Croiset, dans la préface d'un recueil de conférences et de discussions qui ont eu lieu récemment au sujet de la solidarité (1), fournissant une preuve de plus de l'intérêt qui se porte sur les idées que ce mot représente : et en effet n'est-il pas à l'ordre du jour permanent des assemblées et des écoles, de la presse et des congrès philanthropiques, des réunions d'assistance ou d'assurance mutuelles ? — A sa première observation si juste, M. Croiset en ajoute une autre qui n'est pas moins exacte : « Tout le monde emploie le mot, écrit-il, et à force de l'employer, on oublie volontiers de se demander ce qu'il signifie. Or, si l'on y regarde, on s'aperçoit qu'il s'applique à des choses fort différentes. »

C'est ce qui arrive pour beaucoup de mots à la mode. Mais

(1) A l'*Ecole des Hautes Etudes sociales* : le recueil a paru sous le titre : *Essai d'une philosophie de la solidarité* : Alcan 1902. Chaque conférencier, est-il besoin de le dire, a gardé son indépendance et la responsabilité de ses idées. — Voir aussi le volume *Solidarité* de M. Léon Bourgeois, 3° édit. 1902 qui contient les discussions du *Congrès d'Education sociale* sur ce sujet.

ici, la divergence d'idées entre les personnes qui font usage du même vocable, bien que dissimulée souvent sous un même courant de philanthropie généreuse, peut, au point de vue des conséquences sociales, être plus grave qu'ailleurs.

Ces personnes pourraient dire, pour leur excuse, que le mot a, dans son passé même, subi pas mal de variations de signification.

A l'origine, *solidairement*, puis *solidaire*, sont, tout le monde le sait, des termes de droit. En langue juridique, et dérivés du latin *solidus* qui a donné l'expression *in solidum*, (pour le tout), dès le XVIIIe siècle, et depuis, dans nos Codes, ils s'appliquent à l'obligation collective des débiteurs vis-à-vis d'un créancier, chacun répondant pour tous. Le substantif *solidarité*, dans ce sens, n'est admis par le dictionnaire de l'Académie française qu'en 1798.

Cependant, dès le XVIIIe siècle, *solidaire* et *solidairement* s'emploient dans un sens dérivé et pour ainsi dire élargi, pour désigner non plus une dette collective proprement dite, mais un lien de dépendance mutuelle, d'un caractère moins rigoureusement déterminé, entre deux ou plusieurs personnes, ou entre deux ou plusieurs objets. Voltaire écrit (dans son article *Jésuites* du *dictionnaire philosophique*) : « Dès lors (depuis que Henri IV prit un jésuite pour confesseur), chaque frère jésuite se crut solidairement confesseur du roi. » Plus tard, Chateaubriand dira, dans le *Génie du Christianisme* : « Nos fautes rejaillissent sur nos fils, nous sommes tous solidaires. » Entre temps, l'expression est passée dans le langage scientifique et s'applique spécialement à la physiologie. « La solidarité organique est, dit Littré, la relation nécessaire d'un acte de l'économie avec tel ou tel autre acte différent. » Relation nécessaire, mais qui n'est

---

(1) Ces mots ne figurent pas dans le dictionnaire de Godefroy qui va jusqu'au XVe siècle.

plus déterminée d'avance dans ses effets, telle que la co-responsabilité totale que le mot juridique appliquait à deux ou plusieurs personnes.

Dans son sens étendu, économistes, publicistes-philan-thropes et sociologues, se sont successivement servis du mot *solidarité*. J.-B. Say dit exceptionnellement « qu'il existe entre les hommes une espèce de solidarité ». Au milieu du XIXe siècle le mot est entré dans la grande circulation par les écrivains philanthropes (1). Pierre Leroux dans son *Humanité* trace le tableau « de la véritable charité ou soli-darité mutuelle (p. 207) ». — « La diversité des organisa-tions est une preuve de la solidarité qui unit les hommes », écrit Thoré. On trouve également, à plusieurs reprises, le mot dans Proudhon. Bastiat l'inscrit en toutes lettres en tête d'un chapitre non terminé d'ailleurs et assez confus de ses *Harmonies économiques*, et la nomme « une sorte de respon-sabilité collective ». C'est Baudrillart qui a, je crois, créé l'expression de « solidarité économique », par laquelle il vise « l'échange, la sociabilité en action, la solidarité humaine rendue visible et palpable » (2).

Les sociologues, dans leurs volumineux écrits contempo-rains, ont surtout repris à la physiologie et à la biologie, la solidarité, et l'ont interprétée dans le sens d'une inter-dépen-dance étroite des différents éléments sociaux, et cela non seulement dans le temps, mais dans l'espace. Non seulement suivant une expression ingénieuse, l'humanité a cessé d'être considérée comme « un archipel d'îles ayant chacune son

(1) Les Saint-Simoniens et Fourier qui ont émis beaucoup d'idées ren-trant dans la *Solidarité* d'aujourd'hui, ne paraissent pas avoir employé le mot. Ils usent d'équivalents ou de périphrases : association, harmonie des intérêts, fédération, coopération, garantisme (Fourier), etc.,

(2) *Etudes de philosophie morale et d'économie politique* (1858). — La *Solidarité républicaine* a été en 1848 une société politique. Les *Solidaires* belges furent une association de libres-penseurs.

Robinson » ; mais allant beaucoup plus loin que la réalité des faits, on a voulu l'assimiler à un véritable organisme vivant dont les individus n'auraient plus constitué que les molécules ou les cellules, se déduisant les unes des autres par hérédité et se commandant les unes les autres par une sorte de circulation commune. Jusqu'où on a poussé les analogies physiologiques dans la voie de *l'organicisme*, jusqu'à quelles fantaisies métaphoriques et presque comiques certaine sociologie s'est laissée glisser, ce n'est pas ici le lieu de le rappeler. Peu à peu une réaction s'est produite. Les différences entre la collectivité humaine et une colonie ou un tissu animal ont été rappelées et mises en relief (1). On a insisté sur le fait que, si l'indépendance outrée de l'individu, chère au xviii⁰ siècle, devait faire place à une vue plus juste de l'interdépendance sociale, il y avait cependant dans cette interdépendance un fait irréductible qui est la conscience individuelle, et par suite l'individu lui-même : de sorte, qu'appliquée aux personnes humaines, l'image de l'archipel reste assez juste, pourvu qu'on suppose entre les îles de cet archipel non plus le « splendide isolement » britannique, mais des communications nombreuses, de puissants courants d'imitation ou de contagion, et même des ponts ou des isthmes plus ou moins visibles ou sous-marins, mais permanents et multipliés : ce qui fait de chaque Robinson un vivant largement influencé et, comme on dit, agi par les autres Robinsons, aussi bien par ceux du passé dont il tient la vie ou a hérité l'outillage social (tel était d'ailleurs le cas du héros de Daniel de Foë), que par ceux du présent avec lesquels il est en communication physique ou morale perpétuelle. Considérée de ce point de vue, la solidarité qui existe entre tous les hommes passés, présents ou futurs est

(1) M. G. Tarde a été un des plus brillants adversaires de *l'organicisme*. Il faudrait souvent rappeler aux *organicistes* le conseil de Marguerite de Navarre à l'évêque de Meaux, Briçonnet : « *Démétaphorisez-vous !* »

incontestable : mais elle n'a plus la rigueur d'une solidarité physiologique immuable dans ses enchaînements et fatale dans ses conséquences ; et encore moins la rigueur de la solidarité au sens juridique.

II

C'est cependant vers cette dernière forme de la solidarité, que, reprenant le sens primitif et juridique du mot, et probablement entraînés, jusqu'à un certain point à leur insu, par ce sens primitif, quelques esprits veulent aujourd'hui revenir pour y chercher la base d'une règle sociale, le fondement d'un système de justice parmi les hommes. « La doctrine solidariste — car nous avons vu naître *solidariste* et *solidarisme* qui ne déparent pas encore nos dictionnaires, mais qui y figureront bientôt, — la doctrine solidariste, née d'hier à peine, lit-on à l'article *Solidarité* de la nouvelle *Grande Encyclopédie*, est déjà maîtresse de son but, de ses procédés de recherche et de raisonnement. Elle a constitué un système scientifique, fondé un droit et une morale en harmonie avec l'esprit moderne et les aspirations de la société actuelle. » En quoi consistent ce système scientifique, ce droit et cette morale — bien grands mots pour une école naissante, — et comment ont-ils été déduits de la solidarité ? Il faut le rechercher à travers une suite d'arguments assez subtils et enchevêtrés.

Toute construction d'un système social *a priori*, a besoin comme point de départ d'un postulat : Ici le postulat, tout d'abord posé et admis sans discussion, est que l'établissement de la justice constitue l'objet suprême de la société humaine. « Quand nous nous demandons, écrit l'un des plus brillants protagonistes de la doctrine solidariste, M. Léon Bourgeois, dans le recueil cité en tête de cette étude, quelles sont les conditions auxquelles doit satisfaire une société humaine pour se maintenir en équilibre, nous sommes conduits à reconnaître qu'il n'y a qu'un mot qui les puisse exprimer : « *Il faut que la justice soit !* »

Mais sous quelle forme apercevrons-nous cette justice ? On doit la définir dans les conditions réelles de la solidarité de fait qui constitue la société entre les hommes. « Si ceux-ci, continue l'écrivain, étaient des êtres entièrement libres, capables de se suffire à eux-mêmes, du moment qu'ils n'entraveraient pas la liberté des autres, le droit de ces derniers serait respecté et le devoir des premiers accompli, donc la justice réalisée. » Mais l'idée, sinon nouvelle, du moins rajeunie par la science et la sociologie, de la solidarité biologique, a changé la position de la question. En effet la sociologie ne nous permet plus l'ancienne notion de la liberté des individus. Les hommes ne sont pas libres les uns à l'égard des autres. « Ils sont liés entre eux par une association nécessaire, *antérieure à leur naissance*, et dont il ne leur est pas loisible de se dégager, car s'ils en sortaient, il leur serait désormais impossible de vivre. » C'est là l'interdépendance de fait, et qui existe aussi bien entre les hommes qu'entre les membres d'un même groupe organique quelconque. Mais dans cette interdépendance reconnue de tous, les hommes apportent leur pensée d'hommes et par suite leur sens de la justice. Dans la solidarité de fait qui est ... loi commune, chacun, de par son sens intime de la justice, ne peut trouver cette justice réalisée pour soi que s'il est traité comme une valeur sociale égale aux autres, et s'il rencontre dans l'échange social une équivalence de services.

La solidarité naturelle ne lui procure ni l'une ni l'autre de ces conditions nécessaires à la satisfaction de son besoin de justice. Elle est le triomphe des forts, des plus avantagés de la vie. Il n'y a pas de morale ni d'équité dans l'inter-dépendance universelle qui nous accable de ses influences malignes aussi bien qu'elle nous transmet ses bienfaits, qui nous menace par exemple de la contagion autant qu'elle nous fait jouir de la sociabilité. La justice ne naît que lorsque les hommes sentent dans l'ordre général et veulent, en ce qui dépend d'eux, redresser les injustices de la solidarité naturelle. — Mais comment les redresser? Ici on revient par un détour imprévu au sens ancien du mot *solidaire.* On observe que dans l'association humaine, résultat de la solidarité de fait, chacun profite du fond traditionnel et séculaire accumulé par les ancêtres. Une chaîne continue d'initiatives, d'efforts, d'inventions et de créations nous relie à nos aïeux. Nous ne serions rien sans eux. C'est par eux, à tous les titres, que nous vivons. Nous avons beaucoup reçu d'eux, et reçu gratuitement : donc nous sommes leurs débiteurs. Chacun de nous naît débiteur. Dans quelles conditions et dans quelles proportions? Nous le verrons plus tard. Pour le moment tenons-nous-en au principe. Le principe est que l'homme n'est pas libre de la totalité de son être puisqu'il a contracté une dette en naissant. « La situation de l'individu social réel diffère autant, é   on, de celle de l'homme complètement libre que diffère au point de vue juridique la situation d'une personne qui ne s'est engagée à rien envers qui que ce soit, qui agit dans la plénitude de sa liberté, et celle d'une personne qui a contracté, qui a formé avec d'autres une association. »

Le raisonnement contient une contradiction qui de suite frappe les yeux et l'esprit. Les hommes, dit-on, sont liés par une *association antérieure à leur naissance* et dont ils ne se peuvent dégager : puis quelques lignes plus bas, on les assimile à des personnes ayant *contracté,* ayant formé une association avec d'autres. Quel rapport y a-t-il entre les deux situations, l'une *de fait* qui constitue une dépendance naturelle et imposée, l'autre *de droit* qui constitue une obligation juridique résultant d'un accord libre, ce qui est la définition même du *contrat*? Par la première constatation on affirme la solidarité naturelle et de fait que personne ne nie : par la seconde on veut transformer cette solidarité naturelle et de fait en solidarité contractuelle : mais on omet une seule chose : démontrer l'existence du contrat.

C'est un peu l'analogue de Rousseau et de son *contrat social* : mais Rousseau, ayant posé l'idée du contrat, suit son hypothèse jusqu'au bout. Ici au contraire, on recule. On s'aperçoit que la définition qui a été donnée d'une « association antérieure à leur naissance » exclut pour les hommes l'idée d'un contrat proprement dit. On reconnaît qu'en fait il n'y a pas eu de consentement préalable entre les humains ; qu'il n'a pas pu y en avoir et que ce serait un roman à la Rousseau de supposer qu'il y en a eu un. Mais dit-on, un contrat formel est-il nécessaire ? Si le consentement des individus n'a pas présidé à la formation des sociétés, ne peut-on affirmer que ce consentement préside à leur maintien ? Et ne suffit-il pas qu'il intervienne même après coup, même tacitement pour qu'on puisse dire qu'il existe entre tous les membres d'une société « ce que le droit civil a depuis longtemps désigné sous le nom de *quasi-contrat ?* » Or un quasi-contrat impose à chacune des parties des obligations qui ne peuvent être autres qu'une représentation et une interprétation de l'accord qui eût dû s'établir préalablement entre eux si elles avaient pu être librement consultées. La présomption du consentement qu'auraient donné les volontés libres et égales sera le fondement du droit : et ce droit, l'Etat sera là pour le sanctionner.

C'est ici, il faut l'avouer, une bien discutable extension du sens du « quasi-contrat. » En l'absence d'un contrat formel, le Code civil (art. 1370-1371) stipule que certains actes *volontaires* émanant d'une seule personne peuvent entraîner pour elle des obligations envers une autre personne, et quelquefois un engagement réciproque des deux parties. « Les quasi-contrats, dit l'art. 1371, sont les faits purement volontaires de l'homme dont il résulte un engagement quelconque envers un tiers et quelquefois un engagement réciproque des deux parties ».

M. L. Bourgeois cite d'ailleurs incomplètement l'article 1370 dans ces termes : « Certains engagements se forment sans qu'il intervienne aucune convention, ni de la part de celui qui s'oblige, ni de la part de celui envers lequel il est obligé;... les uns... sont les engagements formés involontairement, tels que ceux entre propriétaires voisins, ceux des tuteurs, etc. ». Le véritable texte du Code ajoute à la suite du premier paragraphe cité par M. Bourgeois, ces mots : « Les uns résultent de l'autorité seule de la loi; les autres naissent d'un fait personnel à celui qui se trouve obligé.

« Les premiers (c'est-à-dire ceux résultant de l'autorité seule de la loi), sont les engagements formés involontairement tels que ceux entre propriétaires voisins, ceux des tuteurs, etc... Les engagements qui naissent d'un fait personnel à celui qui se trouve obligé, résultent ou des quasi-contrats, ou des délits ou quasi-délits. » On voit que les engagements involontaires dont parle M. Bourgeois, ne sont pas considérés par le Code comme résultant des quasi-contrats, mais comme des engagements résultant de l'autorité seule de la loi.

Le Code traite spécialement, on le sait, au sujet des quasi-contrats, du cas de la gestion volontaire d'un bien d'autrui sans mandat, et qui impose à celui qui gère et à celui dont le bien est géré certains devoirs. Les commentateurs citent d'autres cas de quasi-contrats : la procréation des enfants, le maintien de l'état d'indivision entre co-propriétaires, etc., qui tous supposent un acte (ou une abstention) *volontaire*, d'une au moins des parties.

Donc on pourrait prétendre que les pères sont, jusqu'à un certain point, obligés vis-à-vis de leurs descendants;

mais la réciproque, même comme principe, est plus ma-
laisée à établir. — Quant au cas du maintien de l'indivision,
il ne s'applique pas à l'état social, où le choix n'existe point,
et il est illégitime d'en déduire un quasi-contrat.

D'ailleurs ce premier pas fait lors de ce que permet une
saine argumentation, quel parti tire-t-on pratiquement de ce
soi-disant quasi-contrat au point de vue de la justice sociale ?
Il consiste tout d'abord, dit-on, à ce que les hommes re-
connaissent qu'en naissant ils sont débiteurs. Vis-à-vis de
qui ? Nous venons de le voir : de leurs ancêtres qui leur
ont légué, en premier lieu, l'existence, puis un ensemble de
civilisation, un outillage de production intellectuelle et
industrielle, sans lesquels ils ne pourraient pas vivre, ou
leur vie serait misérable. Or la justice exige qu'on paye
ses dettes. Mais payer à des morts et sans savoir à quels
morts, ni sous quelle forme, c'est malaisé, et il n'y aurait
là aucune réalisation de justice. Alors on a l'idée de substituer comme créanciers les vivants aux morts, et à nos
aïeux plus ou moins lointains et intangibles, les contemporains. On observe que la dette des vivants vis-à-vis des
morts est très inégale. Les uns ont reçu beaucoup d'avan-
tages sociaux, les autres peu. Ceux-ci ont été favorisés par
l'héritage, par l'éducation, par la situation de leurs parents.
Ceux-là sont dénués de patrimoine, d'instruction, d'aide ma-
térielle et intellectuelle de tout genre. Eh bien ! la justice
exige que la compensation se fasse. Le dette que nous ne
pouvons pas acquitter aux ancêtres puisqu'ils ne sont plus
là pour la toucher, payons-la à leurs descendants, et en
raison inverse de ce qu'ils ont reçu en naissant. « Envers
qui sommes-nous obligés ? écrit M. Léon Bourgeois : envers
le passé... Mais le trésor amassé par l'effort commun des
générations éteintes, ce sont tous nos contemporains qui
ont un droit égal à en profiter. Et si certains d'entre nous,
comme cela a lieu dans la réalité, sont empêchés d'en tirer
parti, si d'autres en bénéficient d'une manière surabon-

dante, ne suis-jě pas fondé à dire qu'il y a un redresssement de compte à opérer, que chacun est débiteur ou créancier de naissance, qu'il faut refaire son compte social..., que les uns doivent rendre, doivent payer, et que les autres doivent recevoir ? »

La forme « de redressement de compte » qu'on donne ainsi à la théorie de la dette sociale me paraît inadmissible. Elle est illégitime en bonne logique, j'ai essayé de le démontrer ; et elle est fuyante dans l'application. En effet, de l'aveu même de ses auteurs, elle reste dans une indétermination complète, soit au point de vue de la quotité, soit au point de vue de l'incidence du redressement. Après avoir proclamé que le compte individuel existe en principe, on confesse qu'il est impossible à établir pratiquement. Cela est évident. Je ne vois pas comment il serait faisable vis-à-vis des créanciers primitifs, nos ancêtres qui, après tout, ont vécu pour eux-mêmes et ne nous ont pas consultés lorsqu'ils nous ont donné l'être. En quoi sommes-nous leurs débiteurs pour la vie qu'ils nous ont transmise, plus que nous le sommes vis-à-vis de la nature pour l'air que nous respirons ? D'ailleurs, comme le dit Hamlet, nous ne choisissons pas nos aïeux. Ils nous ont légué non seulement la vie dont quelques-uns des descendants se seraient peut-être volontiers passés, mais souvent des dispositions, des vices ou des infirmités héréditaires qu'il faudrait bien faire entrer en ligne de compte dans un calcul de doit et avoir. « Voici un homme, disait un des contradicteurs du solidarisme (1) qui a hérité cent mille francs et une maladie mentale. Etablissez son compte ! » .... Et s'il est impossible à calculer, comment transférer le solde à un autre créancier, celui-là notre ou nos contemporains ?

(1) M. Malaport op. cit. p. 105. Voir également les objections de M. Buisson dans les discussions du *Congrès de l'Education sociale* (recueillies dans la 3ᵉ édition de *Solidarité* par M. Léon Bourgeois).

L'indétermination de la dette n'empêche pas, réplique-t-on, l'obligation de subsister. Je n'y verrais pas d'inconvénient si elle avait seulement pour but et pour effet de créer des débiteurs sociaux vis-à-vis de la masse collective de l'humanité, de pousser ces débiteurs à l'accomplissement d'un devoir social envers les moins favorisés de la fortune, et de les inciter à dépasser plutôt qu'à restreindre la mesure de leur obligation. Mais il y a les créanciers. Ce n'est pas un devoir social qu'institue le quasi-contrat, c'est une dette proprement dite, une dette contractuelle (1), on y insiste, une dette vis-à-vis de créanciers désignés, ou plutôt qui se désigneront eux-mêmes pour exiger le paiement. Or les créanciers sont le nombre, le très grand nombre, puisqu'ils sont tous ceux qui ne sont pas satisfaits de leur part dans le patrimoine social, et ils sont le nombre vivant, s'agitant et votant. Vous les instituez porteurs d'une créance ferme, non définie, non limitée, non articulée vis-à-vis de telle ou telle personne, flottante dans sa quotité, sinon dans son principe, et atteignant solidairement une classe clairement désignée et nettement circonscrite. Attendre des réclamants, dans ces conditions, de la modération, de l'équité, ou même de la patience, c'est vraiment trop demander de la nature humaine : c'est vouloir que les uns soient toujours menacés au nom d'un droit méconnu, les autres jamais satisfaits. Il n'y a là rien de rassurant pour la paix sociale.

III

Celle-ci a un lien évident avec la solidarité, mais avec la solidarité envisagée autrement que d'un point de vue purement juridique de doit et avoir.

(1) Voir le débat sur ce point entre M. F. Buisson et M. L. Bourgeois *Solidarité*, 3e éd. p. 209.

L'interdépendance sociale est de plus en plus présente et comme vibrante aux consciences humaines, et c'est une des grandeurs de notre temps d'en avoir transformé chaque jour davantage le sens intime en réalités d'association. De plus en plus nous sommes convaincus que l'homme n'est pas isolé, qu'il se relie étroitement à ses ancêtres, à ses contemporains et à ses descendants.

« Il n'est pas un Peau-Rouge qui puisse se quereller avec sa femme, disait Carlyle, sans que le monde entier en souffre. Le jet d'un caillou par ma main se répercute dans l'univers... Une génération n'est pas moins indissolublement liée à une autre génération... Qui a imprimé ce modeste livre ?... C'est Cadmus de Thèbes, c'est Faust de Mayence.. C'est Tubalcaïn qui a fait l'aiguille de mon tailleur (1) ». L'idée de la solidarité et la façon pittoresque de l'exprimer, on le voit, ne sont pas nouvelles. Seulement, par les progrès de la science et de la civilisation, cette idée s'incruste de plus en plus profondément dans nos mœurs et dans notre langage. Chacun de nous apprend un peu plus clairement, chaque jour, qu'il est fragment, non seulement du groupe familial ou communal, mais d'un vaste tout où le bonheur des uns dépend en grande partie du bonheur de beaucoup d'autres. Il sait que l'âme collective ou nationale, dans ses joies ou ses tristesses, n'est pas un vain mot. Un souffle de communauté, chaque jour plus étendu, l'enveloppe. « Quelque chose de l'homme a traversé mon âme », s'écriait un poète, fidèle écho des aspirations de ses contemporains (2). Il se crée ainsi dans l'esprit et dans le cœur de l'homme moderne, comme une trame continue et indissoluble entre lui, ses aïeux, sa famille, ses proches, ses amis, ses concitoyens, et qui est en

(1) *Sartor Resartus*, trad. franc. p. p. 284. — M. Fouillée a employé cette belle image : « Celui qui a inventé la charrue laboure invisible à côté du laboureur. »

(2) M. Sully-Prudhomme.

voie de s'élargir peu à peu jusqu'à l'humanité : de là est née une conception de la vie à la fois individuelle et multiple, de ses doubles émotions et de ses doubles devoirs, assurément très différente de celle qu'a pu engendrer, à certaines époques, un individualisme exagéré. Cette conception, développée et comme réchauffée par tant de philosophes et de moralistes récents, éloquents interprètes du *Devoir social*, se traduit dans l'existence civique, à la fois par des obligations légales et par des obligations morales : mais toute la question de la liberté consiste précisément à distinguer les unes des autres, à déterminer ce qui peut légitimement être imposé par contrainte d'Etat aux citoyens, au nom de la solidarité sociale ou nationale, et ce qui doit rester du domaine de la conscience ou de l'intérêt bien entendu.

Certains auteurs, même non socialistes, tranchent la question avec une aisance vraiment surprenante. Voici par exemple dans le recueil que nous avons déjà cité, l'assertion d'un des conférenciers, M. Charles Gide : « Je considère l'Etat toutes les fois qu'il est organisé démocratiquement, c'est-à-dire toutes les fois que la loi et le gouvernement ne sont que l'expression sincère de la volonté de la majorité, comme véritablement une association libre, tout aussi bien et mieux qu'une société financière ou coopérative ou une compagnie de chemins de fer. Sans doute il faut se soumettre à la loi de la majorité : mais quelle est donc l'association où il puisse en être autrement ? Dès qu'il y a trois personnes associées, il faut bien que, s'il y en a deux du même avis, la troisième se soumette ». L'auteur accepte qu'il y a une différence, puisque si l'on entre volontairement dans une association, on ne choisit pas sa patrie : mais l'objection ne l'arrête pas : on n'a, dit-il, qu'à changer de patrie !... A condition encore que les idées qu'on vient d'énoncer n'aient pas prévalu partout ! — Mais il y a une autre objection qu'on ne soulève même pas et qui cependant saute aux yeux. Une association commerciale ou autre ne vise qu'un objet déterminé, restreint dans sa portée, fixé par les statuts et qu'elle ne peut dépasser sous peine de nullité : tandis que l'Etat embrasse, ou pourrait embrasser, grâce aux simples décisions de la moitié plus un de nos concitoyens, l'universalité de la vie morale, sociale et individuelle, et transformer le joug de la majorité en une oppression intégrale dont nulle tyrannie du passé n'a fourni l'exemple.

Ce n'est plus là solidarité, mais servitude d'Etat. La solidarité sociale mal comprise y conduit, si elle s'écarte d'une conception d'ensemble de la société dans laquelle le mieux être individuel ne peut être séparé du mieux être général. Or le mieux être individuel comporte avant tout une indépendance individuelle qui ne doit être sacrifiée que là où le sacrifice est indispensable à la conservation et à la sécurité de l'Etat : ce qui soulève dans chaque cas d'espèce des difficultés d'appréciation et d'application qu'aucun esprit sage ne voudrait contester. L'important est que la liberté ne soit pas dès l'abord immolée, et que l'esprit humain conserve, au sujet de l'organisation sociale, la notion prépondérante d'un vaste domaine où « par une libre collaboration, comme le dit si justement M. E. Boutroux, dans la conférence qu'il a écrite sur le sujet qui nous occupe (1), les individus peuvent et doivent *se concerter* entre eux pour pourvoir collectivement à l'ensemble de leurs besoins matériels, intellectuels, moraux et religieux : et c'est là une solidarité créée de toutes pièces par la liberté humaine (2) ».

Voilà la solidarité vraiment digne de propagande ardente, source de satisfactions profondes pour une humanité chez qui les sentiments de dévouement à autrui seront développés par une éducation appropriée, foyer d'incitations profitables à l'intérêt social commun. C'est la « chaîne souple,

(1) Loc. cit. p. 281.

(2) M. Boutroux se rencontre ici avec Herbert Spencer (*Justice*, p. 215) qui emploie presque les mêmes termes.

dont parlait de Maistre, qui nous retient sans nous asservir » ; « l'union de consciences qui s'élabore, le concours de volontés qui se cherchent et peu à peu se trouvent », suivant l'expression d'un éminent philosophe contemporain (1), union et concours qui réchauffent et fécondent l'initiative individuelle.

Le solidarisme juridique, au contraire, malgré les dénégations de ses auteurs, fournit aux revendications collectivistes de redoutables arguments. Les écrivains socialistes s'en sont bien vite aperçus et servis. A la doctrine de la dette sociale, mal définie et mal mesurée, pourquoi, ont-ils dit, ne pas substituer celle « de la location de l'outillage social ? »

Vous reconnaissez vous-mêmes, allèguent-ils, qu'au fond chacun n'a plein droit qu'au produit de ses facultés naturelles et de son travail propre, et non à une part privilégiée du bénéfice de la plus value sociale : donc il n'est qu'usufruitier à titre onéreux de tout ce qui est d'origine sociale dans les ressources que la civilisation et les lois antérieures ont mises à sa disposition. S'il n'est qu'usufruitier, il n'a pas droit à la pleine propriété de ce que la société a ajouté au fruit direct de son effort isolé. Donc comme propriétaire du sol qui tire presque toute sa valeur de l'agglomération humaine, ou des instruments de production, résultat de la civilisation, il usurpe, et la société a le droit de lui reprendre sa part pour la remettre dans l'indivision commune : et l'on revient ainsi par un détour

______

(1) M. Fouillée : *La science sociale contemporaine* (2ᵉ éd.) — M. Doniol a dit très justement dans un article sur l'*Economie politique et l'utopie* : « On imagine une *solidarité* qui fait de la personne un co-partageant pur et simple ayant droit fondamentalement au bénéfice de l'activité d'autrui. Et cela sans se douter, ou s'en inquiéter en rien, si, sous une pareille loi, l'activité personnelle subsisterait, s'il y aurait encore, socialement parlant, un « individu ».

aisé aux conclusions du collectivisme, à la socialisation de la propriété individuelle, comme étant le seul remède efficace de l'injustice sociale. « Le solidarisme, dit un des conférenciers à tendances socialistes (1), a nettement posé le principe du devoir de la société envers les faibles... du droit des faibles sur la société... mais il maintient la forme actuelle du droit de propriété, de sorte que la société est seulement engagée à guérir les maux qu'elle a produits par sa propre organisation. La justice selon M. Bourgeois est une justice réparatrice. La justice socialiste est une justice organisatrice... Le système socialiste s'oppose au solidarisme comme l'hygiène, la médecine préventive, à la thérapeutique, qui guérit la maladie une fois née. »

Je ne suis pas bien sûr de l'efficacité d'une hygiène qui, — c'est le cas du collectivisme, — ne tient nul compte de la véritable nature de l'homme, de son tempérament, des ressorts de son activité, de ses besoins physiques, moraux et sentimentaux : et c'est la principale objection que l'un des plus éloquents créateurs du solidarisme fait à ses contradicteurs socialistes. Il se transporte pour leur répondre sur le terrain des réalités. « Je crains que vous ne diminuiez dans une énorme proportion l'activité de l'homme. Il ne faut pas décourager l'initiative, l'effort, la liberté. Et qui fixera le dividende ? qui procédera à la répartition ? Tout cela me paraît impraticable, et dangereux. » — Qu'importe ? pourraient répondre les socialistes, si c'est la justice, et s'il faut avant tout, comme vous-même l'avez proclamé, Monsieur Bourgeois, que la justice soit ? — Terrible formule qui, appliquée aux matières sociales, conduit plus souvent qu'on ne pense et qu'on ne souhaiterait, à une impasse, dès qu'on perd de vue le côté pratique des institutions de justice.

(1) M. Rauh, maître de conférences à l'Ecole normale (p. 175 loc. cit.) Voir également les articles de M. Ch. Andler dans la *Revue de métaphysique*, sur les conférences de M. Darlu.

C'est de ce côté que se tournent avec raison les solidaristes modérés pour se défendre contre les collectivistes. Je regrette qu'ils ne l'aient fait jusqu'ici que dans une faible mesure, quand il s'agissait de leurs propres idées. Ils restent, en matière d'application, dans un vague inquiétant. La seule proposition relative à l'action législative est la suivante qui a été présentée au *Congrès d'éducation sociale* et votée par lui :

« Les lois doivent exclure toute inégalité de valeur sociale entre les contractants. Elles doivent aussi, dans la mesure du possible, donner à l'effort de chacun l'appui de la force commune et garantir chacun contre les risques de la vie commune. »

A titre d'indication pratique on ajoute que « le moyen d'assurer l'équité du contrat social par la compensation de la dette sociale peut se résumer en ces trois termes principaux : 1° Assurance contre le défaut de culture des facultés intellectuelles ; 2° Assurance contre les incapacités naturelles ; 3° Assurance contre les risques sociaux. »

C'est là, sous une forme concise, un très vaste programme et où il faudrait établir qui, dans chaque cas, fera les frais de l'assurance. Vise-t-on l'extension de la *mutualité* à laquelle on a souvent donné le nom même de *solidarité* ? Alors ce n'est pas l'acquitement d'une dette par les plus favorisés, puisque le principe de la mutualité, c'est l'assurance et la garantie réciproques. Vise-t-on au contraire des sacrifices imposés à une partie des citoyens, pour accorder aux autres, grâce au budget de l'Etat grossi par l'impôt rapidement progressif, certains bienfaits sociaux comme l'instruction gratuite à tous les degrés, ou l'existence assurée à tous ceux qui sont dans l'incapacité de se la procurer par eux-mêmes ? C'est ce qui se lit entre les lignes et ce que beaucoup en concluent rapidement et résolument : mais il faudrait le dire avec netteté.

Voici d'ailleurs déjà qu'aux desiderata posés plus haut,

des disciples plus impatients en ajoutent d'autres, tels que
« l'obligation du travail pour tous, l'interdiction pour un
membre du corps social de jouir du superflu tant que l'un
quelconque des autres membres est dans l'impossibilité de se
procurer sa subsistance ; puis la réforme de l'héritage...
conséquences déjà aperçues par certains esprits comme
découlant du principe de solidarité sociale » (1).

Elles n'en découlent qu'en admettant la solidarité sous
cette forme de solidarisme juridique qu'on a voulu déduire
de la solidarité sociale, à l'aide d'une argumentation dont
nous avons cherché à mettre en relief à la fois l'ingéniosité
et la fragilité. Ce solidarisme là conduirait vite, on le voit,
à un socialisme avancé proche lui-même et avant goût du
collectivisme. C'est qu'il confond dans son appel à la solidarité, des choses très différentes : le devoir et la dette, le
domaine moral et le domaine juridique, l'utilité sociale et
l'obligation contractuelle. Il faut vraiment sortir de ces
confusions d'idées et de mots, trop fréquentes à notre
époque et qui sont le fléau des études sociales, pour rendre
à la solidarité toute sa fécondité. Dans l'ordre des sentiments, pousser au développement de plus en plus conscient
de ces vertus de la nature humaine qu'on appelait autrefois
la charité, « supérieure encore à la foi et à l'espérance »,
disait l'apôtre, la fraternité ou la philanthropie, purs
joyaux des religions ou des doctrines morales, de ces pen-
chants auxquels Auguste Comte a donné le nom plutôt bar-
bare d'*altruisme*, et qui représentent vraiment les sources
de cette *vie supérieure*, idéal de l'existence sociable ; —

(1) Article *Solidarité* dans la *Grande Encyclopédie*. Cf. une résolution
récente de la *Commission d'assurance et de prévoyance sociales*, présidée
par M. Millerand (reproduite par *Le Temps* du 6 décembre 1902) : « Con-
sidérant qu'il est du devoir de la République d'instituer un service public
de solidarité sociale, que celle-ci diffère essentiellement de la charité en
ce qu'elle reconnaît aux intéressés définis par la loi un droit et qu'elle
leur donne le moyen légal de le faire prévaloir... » etc.

dans l'ordre des faits, encourager l'association, qui sous ses aspects multiples, mutualité, assistance, lutte contre la contagion, coopération, et même simple collaboration industrielle entre le capital et le travail, a déjà, dans des proportions considérables, amélioré la condition humaine ; — l'association, qui, sans réaliser le bien-être universel utopique que certains rêvent, peut singulièrement soulager, en s'étendant, les souffrances des classes laborieuses : voilà le devoir de tous ceux qui, partant de la solidarité de fait qui existe entre les hommes, veulent y introduire chaque jour plus de réciprocité bienfaisante et plus de liberté réelle. Mais il convient de repousser la transformation de la solidarité en un système proprement juridique, en une comptabilité de doit et avoir : car elle ne présente aucune des conditions essentielles d'une règle de ce genre. A l'engluer de droit romain ou de Code civil, à l'étayer artificiellement de jurisprudence, on risquerait de compromettre et d'affaiblir la bonne solidarité, celle qui déjà fait grand honneur à notre temps, qui, là où une règle d'Etat est injuste, dangereuse ou inefficiente, au lieu d'opposer les uns aux autres des droits et des revendications impossibles à mesurer, des créanciers et des débiteurs dont ni les dettes ni les créances respectives ne sauraient être calculées équitablement, unit les cœurs et associe les volontés dans la conscience d'un commun devoir social. Elle rappelle tout particulièrement ce devoir social aux mieux partagés de ce monde, et les incite énergiquement à l'accomplir : mais elle y laisse une certaine élasticité morale qui fait le mérite et aussi l'efficacité de l'accomplissement. Il y a autant de différence entre cette solidarité-là et le solidarisme proprement dit qu'entre le rythme qui règle spontanément les mouvements d'une escouade de travailleurs libres, — ce rythme cadencé, origine, suivant certains auteurs, de toute musique, — et les coups de fouet qui, sur les bas-reliefs d'Assyrie ou d'Égypte, coordonnent les sursauts des longues files de captifs. « La contrainte d'Etat, disait Fourier, produit la stérilité et prouve le manque de génie. » La glace, qui emprisonne et paralyse les eaux vives, est aussi une solidarité. Ce n'est pas cette solidarité ou ce solidarisme par congélation qui seront bienfaisants pour les sociétés humaines.

Orléans. — Imprimerie P. Pigelet.

DU MÊME AUTEUR

La participation aux bénéfices, brochure in-8, Guillaumin et Cie, 1892.

Un projet de loi sur l'arbitrage industriel, brochure in-8, Guillaumin et Cie, 1892.

Souveraineté du peuple et Gouvernement. (*Souveraineté du peuple. Séparation des pouvoirs. Représentation et Gouvernement*), 1 vol. in-18, F. Alcan, 1895.

Alexis de Tocqueville et la démocratie libérale, 1 vol. in-18, Calmann Lévy, 1897. Couronné par l'Académie française.

Correspondance inédite de John Stuart Mill avec Gustave d'Eichthal, 1 vol. in-18, F. Alcan, 1898.

Socialisme et problèmes sociaux. (*Socialisme scientifique. Socialisme électoral. Socialisme et dévouement social. Esthétique sociale*), 1 vol, in-18, F. Alcan, 1899.

Les bases du droit socialiste, brochure in-8°, Picard, 1900.

La Paix internationale, étude critique, brochure in-8° 1900. Bureaux de la *Revue Politique et Parlementaire.*

L'Unité socialiste, brochure in-8° 1901, mêmes bureaux.

Le projet de loi sur la grève obligatoire, brochure in-8°, 1901. Bureaux de la *Revue politique et Parlementaire.*

Socialisme, Communisme et Collectivisme, aperçu de l'Histoire et des doctrines jusqu'à nos jours, 2e édition augmentée ; 1 vol. in-18, Guillaumin et Cie, 1902 (couronné par l'Académie des sciences morales et politiques.

La justice dans l'impôt, brochure in-8°, 1902. Bureaux de la *Revue Politique et Parlementaire.*

Orléans. — Imp. Paul PIGELET.

www.ingramcontent.com/pod-product-compliance
Lightning Source LLC
Chambersburg PA
CBHW061817060726
47597CB00008B/3243